9 ○ 5

MW01268176

# The Freeing of the Deer

# Se da libertad al venado

*Illustrations by Jorge Ambrosoni*

UNIVERSITY OF NEW MEXICO PRESS
*Albuquerque*

# The Freeing of the Deer

## Se da libertad al venado

*and other New Mexico Indian Myths*

*y otras leyendas de los indios de Nuevo México*

*Carmen Gertrudis Espinosa*

Library of Congress Cataloging in Publication Data
Espinosa, Carmen Gertrudis, 1892–
   The freeing of the deer, and other New Mexico Indian
myths = Se da libertad al venado y otras leyendas de los
indios de Nuevo México.

   English and Spanish.
   1. Pueblo Indians—Religion and mythology. 2. Pueblo
Indians—Legends.   3. Indians of North America—New
Mexico—Religion and mythology. 4. Indians of North
America—New Mexico—Legends. I. Title. II. Title: Se
da libertad al venado y otras leyendas de los indios de
Nuevo México.   III. Title: Se da libertad al venado y otras
leyendas de los indios de Nuevo México.
E99.P9E77   1985      299'.78      85-16406
ISBN 0-8263-0840-6

*To Luis and Lorenzo*

# Contents

# Tabla de materias

# *Preface*

The Indian legends of New Mexico, which I hereby present to the public, came to my attention many years ago. I was attending the University of Illinois, teaching Spanish and working on my degrees. Coming to New Mexico one summer, I was approached by Dr. E. L. Hewett, then head of the Anthropology Department at the University of New Mexico. He asked me if I would accompany a group of students who were going to do excavating in the area of the Jemez Pueblo.

He wanted me to get information on Indian legends and report on them at night when the students were relieved of their tasks at the digs. I recall there were some Pueblo Indians and a few Navajos who were to help with the preliminary digging.

I accepted the invitation. It has been so long ago, I do not recall the names of my informants. Dr. Hewett told me at the time that if ever I wanted to publish them, I had permission to do so.

I filed them away, forgotten until lately, when I showed them to friends, who were fascinated with them and asked why I did not try to have them published. After these many years, I contacted the

University of New Mexico Press, which thought them worthy of placing before the public.

When I decided to contact a publisher, I got in touch with an aged Indian in my vicinity, who was recommended to me as a person knowledgeable on the subject. He approved the legends and was pleased to verify them. Some of these tales come from Zuni Pueblo, some from Jemez. Many legends are shared among the Pueblo people with variations from pueblo to pueblo.

Therefore, I here present them to the public, hoping they will be of interest.

I also present them here in Spanish; perhaps the teachers will think them worthy of use in bilingual classes.

C.G.E.

The
Freeing
of the
Deer

Se da
libertad
al
venado

# The Creation Myth | La leyenda de la creación

It is the belief of the people that before this world existed, the Maker of All created the Sun Father and then the water; from the seed of these two, Mother Earth came into being. Later he created man and other creatures in the lap of the Earth Mother.

In order that man and the other creatures have food to sustain them, the Sun Father placed grains of corn in a sacred bowl. In a little while these grains multiplied and in time there was food for all.

Los indios creen que antes de que hubiera mundo, el Creador de Todo creó al Padre Sol y luego el agua, en la cual la semilla de estos dos produjo a la Madre Mundo. Luego creó al hombre y otras criaturas, en el seno de la Madre Mundo.

Para que el hombre y las otras criaturas tuvieran alimento para vivir, el Padre Sol puso unos cuantos granos de maíz en una copa sagrada. Dentro de poco, estos granos se multiplicaron y el alimento para

When man and the other creatures were created they did not live on this earth, but in the deepest center of the earth, where all was darkness and damp; there they dwelled.

They begged Sun Father to take them out of the darkness; thus were created the Twin Gods, so they might give light to man and his creatures and deliver them out of darkness.

In the center of the earth there were different caves, one above the other. In these caves grew very, very strong grasses. Those who dwelled in the deepest cave made a ladder of these grasses and went from one cave to the next. Thus began the move out of darkness.

When they emerged from the caves in the entrails of the world, men were no different from the other creatures. At first they walked on all fours like the other animals. In a little while they became accustomed to the light of day and learned to walk on two legs. Then they learned to make clothing from skins, to protect themselves against the cold, the water, and the sun, and above all from the ferocious animals that surrounded them.

todos se quedó sobrando.

Cuando el hombre y las otras criaturas fueron creados no habitaban en el mundo, sino en lo más profundo del centro del mundo, donde todo era obscuridad y humedad; allí moraban ellos.

Le rogaron al Padre Sol que los sacara de las tinieblas; así, los Dioses Gemelos fueron creados para que estos pudiesen iluminar al hombre y a sus criaturas y librarlos de las tinieblas.

En la profundidad del mundo había varias cavernas, una sobre la otra. En estas cavernas crecían herbajes, muy, muy fuertes; así los moradores de la caverna más profunda hicieron una escalera de dicho herbaje, caminando de una caverna a la otra hasta salir al mundo.

Al salir de las cuevas en las entrañas del mundo, los hombres fueron semejantes a todas criaturas. Al principio gateaban como las otras criaturas. Dentro de poco, se acostumbraron a la luz del día, y aprendieron a andar en dos pies. Luego aprendieron a hacer ropa de pieles, para protegerse contra el frío, el agua y el sol; como también contra las bestias feroces que los rodeaban.

# The Harvesting of Corn Is Begun

# La cosecha del maíz empieza

Once upon a time when the world was young, all the inhabitants had the same tasks. They made their living by fishing, hunting, and agricultural pursuits. They harvested much food, but as yet they did not know the use of corn.

Thus, when the star gods wanted to give the People knowledge of the use of corn, they assembled to decide which group should receive the knowledge of this food. After thinking it over in

En tiempos pasados cuando el mundo era joven, todos los habitantes tenían las mismas tareas. Pasaban la vida pescando, cazando y en ocupaciones agrícolas; cosechaban mucho; sin embargo, todavía no conocían el uso del maíz.

Así, cuando los dioses de las estrellas querían dar a conocer a los indios el uso del maíz, se reunieron para determinar a cuales de los indios sería mejor dar a conocer este alimento.

silence, Moyachuntanah, the Great Star, said, "Let all the People come together and participate in a race. Let each group choose its best runner, and whoever wins the race, his group shall be given the use of corn." This seemed like a good plan to the star gods, and they agreed to follow it.

All the people from the nearby pueblos were called together and their runners chosen, one from Zuni, another from Acoma, and also a Navajo. Moyachuntanah picked an ear of corn and broke it in three parts. Of the three, the tip of the ear was the shortest, the center part somewhat longer, and the end the longest.

Finally, when the runners were ready, the three pieces were placed near the three runners. The signal was given for the start of the race. The three started out as swiftly as deer. The people surrounding them gazed at them with admiration, each group anxious for its chosen runner to win.

From the start, the Navajo ran swiftly and was the first to reach the ear of corn cut in three parts. He chose the tip, the runner from Zuni the center piece, and the runner from Acoma the end.

The older brother of the Great Star, Mokwanosenah, the Morning Star, nodded his head approvingly on seeing that the Navajo was the victor. "Clearly," he said, "the Navajo has won the race." But Moyachuntanah, the Great Star, spoke thus: "Although the Navajo won the race, he selected the smallest piece of corn; he cannot be given the prize. The Navajos will always roam from place to place and will never have the time for sowing and harvesting. The Zunis and Acomas always attend

Después de meditar en silencio, dijo Moyachun-tanah, el Lucero Grande, "Hay que reunir a todos los indios para que participen en una carrera. Que cada grupo escoja el corredor sobresaliente y al que gane la carrera se la dará el uso del maíz a su grupo." Esto les pareció una buena idea a los dioses de las estrellas, y los dos se pusieron de acuerdo.

Los indios de los pueblos cercanos fueron llamados como también los corredores escogidos, uno de Zuñi, otro de Ácoma y, aún, un navajo. El Lucero Grande escogío un elote, y lo cortó en tres partes. De las tres, la punta fue la más pequeña, la parte del centro un poco más larga, y el cabo, aun, más largo.

Ya listos los corredores se pusieron los tres peda-zos del elote al lado de los corredores. Se dio el av-iso para que la carrera comenzara. Los tres partieron ligeramente, como venados. La gente en los alrededores los miraban con asombro, cada grupo ansioso de que el suyo ganase.

Desde el comienzo, el navajo se adelantó y fue el primero que regresó en donde estaba el elote cor-tado en tres partes. El navajo escogió la punta, el de Zuñi la del centro y el de Ácoma el cabo.

El hermano mayor del Lucero Grande, Mokwano-senah, el Lucero de la Mañana, al ver que el navajo había sido el vencedor, habló así: "Claro se ve que el navajo ganó la carrera,"—y dio un gesto de apro-bación. El Lucero de la Mañana tambien habló, di-ciendo: "Claro que el navajó ganó la carrera, pero ya que el escogió la parte más pequeña del elote, no se le puede dar el premio; ya bien se sabe que los navajos vagan de sitio en sitio, y no se dan

their fields and, consequently, it is better to give them the use of the corn."

And thus it has been since remote times, exactly as stated by the Great Star. The Navajos are always on the road and do not occupy themselves in harvesting. They make their living at other occupations. They have their winter homes and their summer homes in different locations. As to the Zunis and the Acomas, they reside in their respective pueblos and always live by sowing and harvesting. Corn has always been one of their most important items of food.

tiempo para sembrar y cosechar. Los de Zuñi y los de Ácoma se empeñan en la siembra; así, conviene darles a ellos el uso del maíz."

Y así ha resultado desde tiempos remotos, según dijo el Lucero Grande. Los navajos siempre están en camino, y no se ocupan en cosechar, sino que hacen la vida con otras ocupaciones. Tienen su morada de invierno y su morada de verano en distintos sitios. Los indios de Zuñi y de Ácoma moran en sus pueblos respectivos, y se ocupan el la siembra y en la cosecha. El maíz siempre ha sido uno de los artículos principales de su alimento.

# Why Crows Like Corn | La razón por la cual les gusta el maíz a los cuervos

Have you ever seen a flock of crows in a corn field? Did you ever wonder why they are so fond of corn, even more so than other birds? According to the stories that the Pueblo People have handed down from one generation to another, this fondness for corn on the part of the crows began in the long, long ago. When the People were first given the use of the corn plant, they planted it just as Moyachuntanah, the Great Star, and his

¿Acaso has notado una parvada de cuervos en un maizal? ¿No se te ha occurido preguntar, por qué les gusta tanto el maíz a los cuervos, aún más que a otras aves? Según los cuentos que los indios de los pueblos han contado por los años de una generación a otra, esta afición de los cuervos al maíz empezó en tiempos remotos. Cuando primeramente se les dió el uso del maíz a los indios, plantaron los granos de maíz según les mandó el Lu-

brother Mokwanosenah, the Morning Star, commanded them to do.

The corn plant in those days long ago did not take so long to grow and ripen as it does today. In those times, as a matter of fact, it grew to a height of three or four feet in four days. By the fifth day, the ears were ripe and ready to be plucked.

It is related that one day a horned owl was flying through the fields in search of food. He suddenly came upon a plant that he had never seen before. He became very curious, flew close to the plant, and perched himself on a nearby cedar tree. While looking from his branch on the cedar, he saw another bird gazing at this strange plant with wonder and amazement. "Perhaps he will know what it is," said the owl to himself. "I shall ask him. Crow," said the owl in his hooty voice, "What is this growing here? I have never before seen this plant."

"Caw! Caw!" screamed the crow. "This is corn and it is mine."

Now the owl well knew that the crow was very fond of playing jokes on his friends, and he believed that the crow's answer was given in jest. The owl remained quiet, as was his custom; then he said, "Perhaps it does belong to you; we shall see. Let us pluck a few of these large buds." (The owl thought that the ear of corn was a bud.) "See, under the leaves that cover them, they are white grains. We will roast them on coals, and if the grain is sweet, I will be satisfied that the plants belong to you."

No sooner said than done; they picked some ears of corn, took them to the home of the crow, built a

cero Grande, Moyachuntanah, y su hermano, Mokwanosenah, el Lucero de la Mañana.

En esos tiempos remotos, la planta del maíz no
tardaba tanto en madurarse como hoy en día. Posi-
tivo es, que en esos tiempos de cuatro días la mata
alcanzaba una altura de tres o cuatro pies. Al quinto
día, las mazorcas estaban maduras y listas para ser
arrancadas.

Se cuenta que un día un buho cornudo volaba
por las milpas, en busca de alimento. De repente,
se encontró con una planta que jamás en su vida
había visto. Con curiosidad se acercó y se posó en
un cedro cercano. Mientras miraba hacia la mata
desconocida, observó a otra ave que también con-
templaba la mata con sombro. "Tal vez esta ave
conocerá esta planta," se dijo a sí mismo. "Le pre-
guntaré." "Oye, cuervo," dijo el buho—en voz
ronca. "¿Qué es esta planta que nos afronta? Yo
nunca la he visto."

El cuervo graznó y grito, "El maíz; y es mío."

El buho bien sabía que al cuervo le gustaban las
bromas, y creó que con este fin daba tal respuesta.
Como de costumbre, el buho mantuvo silencio;
luego contestó, "Tal vez será tuya, veremos. Arran-
caremos unos de estos capullos." (El buho creó que
la mazorca del maíz era un capullo.) "Mira, bajo las
hojas que las cubren, tienen granos blancos, muy
blancos. Los asaremos en las brasas y si tienen sabor dulce, estaré seguro que la planta es tuya."

Dicho y hecho; arrancaron varias mazorcas, las
llevaron a la habitación del cuervo, hicieron fuego y
las asaron—según los indios hacen hoy día.
Cuando las mazorcas estaban bien asadas y una

fire, and roasted the ears over the coals, just as the People do today. When the ears were well cooked and the delicious smell of roasted corn was making them hungrier and hungrier, they pulled them out of the coals and ate them. "Umm, how delicious they are," said the owl, "and how sweet. Well, my friend, I am satisfied that these corn plants belong to you."

So it has come to pass that since those far-off times, the crows have a habit of visiting the corn fields and tasting the grains. If the crows do not come near a corn field, it is because the corn is not sweet. For this reason, the People are well pleased when the crow comes to their corn fields and pecks about the plants. The words of the horned owl, which he spoke in the long ago, have come true. "The Pueblo People shall plant their corn very close to the pueblos so that the crows can visit them unafraid. But I warn the crows to taste of the corn grain in moderation."

aroma sabrosa penetraba el ambiente, las sacaron y las probaron. "Ay, qué deliciosas!" dijo el buho, "y qué sabor tan dulce, amigo cuervo; en realidad, estoy satisfecho que esta planta de maíz te pertenece a tí."

Así se cuenta que desde tiempos remotos, los cuervos tienen la costumbre de visitar las milpas de maíz, saboreando los granos. Si los cuervos no se acercan a las milpas, es que las mazorcas no tienen buen sabor. Por esta razón, los indios se complacen cuando ven a los cuervos acercarse a sus milpas y picotear las mazorcas. Las palabras del buho en tiempos remotos se han realizado. "Los indios de los pueblos siempre siembran el maíz cerca de sus habitaciones, para que los cuervos visiten las milpas de maíz, sin miedo de ser molestados. Sin embargo, les advierto a los cuervos que saboreen los granos de maíz con moderación."

# The Corn Maidens

In a pueblo close to where Zuni is now located, there lived, long ago, a group of girls called the Corn Maidens. These girls had the task of keeping the Pueblo People supplied with corn. There were six Corn Maidens. One was the Blue Corn Maiden, another the Red Corn Maiden, yet another the Yellow Corn Maiden. Then there was the White Corn Maiden, and the Black Corn Maiden, and the sixth was called the Spotted Corn Maiden.

# Las maiceras

En un pueblo cerca de donde se sitúa el pueblo de Zuñi ahora, vivía en tiempos remotos un grupo de mujeres que se conocía por el nombre de maiceras. Era el deber de éstas, suplir a la gente del pueblo con maíz. Eran seis, estas maiceras. Una se llamaba la Maicera Azul, otra la Roja, otra la Amarilla. Había una Blanca también, una Negra y la sexta se llamaba la Pinta.

No les agradaba la companía de los hombres a estas maiceras;

These maidens did not like the company of men or boys, so, to get away from them, they started off by themselves, toward the south. They traveled for some distance, arriving at the Rio Grande. There, they were somewhat perplexed, because they did not know how they were going to cross the water.

After talking it over among themselves, they called their friend, Owah, the white duck, so that he might help them. He advised them as to what they should do. First, they were to look for a huge shell, which they found. In it they placed pollen mixed with water. This made a soft bed. In it they sat, then Owah, the white duck, covered them with water. When they were settled under the water, they looked as if they were under glass.

Scarcely had they taken their place in the little boat when Tawa, the white swan, appeared. He saw a huge shell and the white duck looking inside it. "Good day, my friend," said he. "What is going on here?"

Before the duck could respond, up spoke the Red Corn Maiden, who was the leader of the group. "How do you do?" she said. "Tawa, we are fleeing from the Pueblo People, but we have come to the river and we don't know what to do. Owah told us to get into this shell, but now how do we get across the river?"

"Don't worry, girls," said Tawa the white swan, "I shall help you. Owah," he said to the white duck, "place the shell with the Corn Girls on my back, and leave the rest to me." Owah put the great shell containing the Corn Maidens on the white swan's shoulders, and they crossed the river, trav-

así, para evitarlos, decidieron trasladarse hacía al sur. Se pusieron en marcha. Al llegar al Río Grande, se perturbaron por no saber como atravesar esta corriente de agua.

Llamaron a su amigo Owah, el Pato Blanco, para que las sacase de apuros. Éste les aconsejó buscar una concha enorme, llenarla de polen mezclado con agua, y luego meterse en ésta. Ésto hicieron. Las maiceras se sentaron en la cama de polen; luego, Owah, el Pato Blanco, las cubrió de agua. Parecía que estaban bajo vidrio cuando ya estaban bien bajo el agua.

En esto llegó Tawa, el Cisne Blanco. Al ver una concha enorme y al Pato Blanco mirando adentro, se acercó y saludó al Pato Blanco. "¿Qué pasa amigo, que es ésto?"

Antes de que el Pato Blanco respondiera, se asomó la Maicera Roja, que era la capitana, diciendo, "¿Cómo te va? Tawa, venimos huyendo de nuestra gente del pueblo, pero al llegar al río no supimos qué hacer. Owah nos aconsejó meternos en esta concha, pero ahora, ¿cómo atravesar el río?

"No se apuren, muchachas," dijo el Cisne, "yo les ayudaré. ¡A ver! Owah," le dijo al Pato Blanco, "pon esta concha con las maiceras en mi espalda." Dicho y hecho. Owah puso la concha enorme donde iban las maiceras sobre las espalda del Cisne Blanco y se metieron al río, viajando toda la noche. Al amanecer se hallaron al otro lado del río. El Pato Blanco también las acompañó, nadando al lado del Cisne.

A la mañana siguiente, cuando la gente del pueblo fue a preparar el desayuno, no hallaron

eling all night. Owah, the white duck, accompanied them, swimming alongside the swan.

The following morning, when the pueblo mothers started to prepare breakfast, there was no corn meal to be found. They hastened to the home of the Corn Girls, but there they found neither girls nor corn. The People were distressed. "What shall we do without corn? Perhaps we have been very bad and we are being punished," they said. "Not only is the corn gone from our houses, the Corn Maidens are gone. And besides, the fields are withered even though it is midsummer."

At last, the good friend of the Pueblo People, Pitsiteh, a cacique, seeing the confusion of his people, called them together. He asked all present if anyone had seen the Corn Girls, who had left their home. No one had, but some said that they had seen footprints on the riverbank.

The People continued to be hungry, but they had no news of the Corn Girls. Then Pitsiteh spoke. "Tomorrow, I shall make some prayer sticks, and I want all the chiefs to help me." He then called the sparrow hawk, whom he asked to fly up high, very high, to see if any traces of the Corn Maidens could be found. The hawk flew for many miles, then returned, but had no news of the Corn Girls.

Then the hummingbird and the blackbird were sent out. The blackbird returned saying that he had seen a huge swan swimming in the river. The truth of the matter was that when the Corn Maidens saw the bird flying high, they were afraid of being seen and hid under the huge wings of the big swan. For three days the search continued, but all in vain.

maíz, por más que buscaran. Se dirigieron a la habitación de las maiceras pero allí no encontraron ni maiceras, ni maíz. La gente se apenó mucho con ésto. "¿Qué haremos sin maíz? acaso hemos sido tan malos y por ésto se nos castiga de esta manera," dijeron ellos. "No sólo nos falta el maíz en la casa, también nos faltan las maiceras. Y además, las siembras de maíz estan marchitas aunque todavía estamos en pleno verano."

En esto llego el cacique Pitsiteh, el amigo de la gente del pueblo, y viendo el atolondramiento de la gente, les mandó reunirse, y a todos preguntó si alguien sabía el paradero de la maiceras, quienes faltaban de su aposento. Aunque varios dijeron que habían visto rastros al margen del río, nadie las había visto.

La gente continuó con hambres, pero aun no llegaban noticias de las maiceras. Luego volvío a hablar Pitsiteh. "Mañana haré palitos de rezo y quiero que todos los caciques me ayuden." Dicho y hecho. Luego llamó al gavilán, a quien mandó en busca de las mujeres ausentes. Éste, después de volar por muchas tierras volvió, sin noticia ninguna.

Lo mismo le pasó al colibrí y al mirlo. El mirlo avisó haber visto un Cisne enorme, nadando en el río. La verdad fue que las maiceras al ver tanto pájaro volando en alto, temieron ser vistas y se escondieron bajo las alas del Cisne. Por tres días continuó la busca, pero todo fue en vano.

Al fin, Pitsiteh llamó al pajarito del agua y le dijo, "Tú pareces siempre tan contento, no haces más que andar volando sobre el agua; tu debes saber donde estan estas mujeres."

After the hawk and the other birds brought no satisfactory reports to the Pueblo People, Pitsiteh called the water bird and said, "You are always so happy, you have nothing to do but swim over the water; surely, you have seen the Corn Maidens who have disappeared from the pueblo."

The little water bird replied, "I have not seen them, of that I am certain, but I shall fly off to see if I can find them. I shall be off on the search tonight, and tomorrow I will return."

The very next day at dawn, the little water bird came to the cacique's house and advised him to do the following: First, to call the white eagle, the yellow bird, the blue bird, the speckled bird, the red one and the black bird. Then he was to ask each bird for ten feathers, four from their tail and six from their wings. Then he was to make a rope from the leaves of the amole plant. After this, he was to cut six long switches, three from the willow tree and three from the cottonwood. All were to be painted, one yellow, one black, another blue, another red, yet another speckled. Now he was to tie the feathers on the switches—each with its corresponding color, the red feathers on the red switch, the blue on the blue switch, and so on with all the others.

When he had done this, Pitsiteh called all the caciques and said to them, "Gather in the kiva, enter through the right and leave through the left. I shall be absent three days; while I am away you shall fast and watch." After speaking thus to the Chiefs, Pitsiteh traveled a distance of two miles. There, he made a small mound of earth, and struck the yel-

A ésto respondio él, "No las he visto, pero volaré a ver si las diviso. Esta noche voy en busca y mañana por la mañana volveré."

Otro día por la mañana, muy tempranito, éste se presentó en la casa del cacique y le mandó lo siguiente: Primeramente, llama al aguila blanca, al pajarito amarillo, al azul, al pinto, al rojo y al negro. De cada pájaro pide diez plumas, cuatro de la cola y seis de las alas. Luego haz un cabestro de la planta del amole, lo cual el cacique hizo. Cortó seis palos largos, tres del sauce y tres del teton. Los pintó todos. Uno lo pintó amarillo, otro negro, otro azul, otro rojo, otro blanco y uno pinto. Luego ató las plumas en los palos. Las plumas rojas ató al palo rojo, y así, cada palo con las plumas de su correspondiente color.

Hecho ésto, llamó a todos los caciques y les dijo, "Entren en la kiva por la derecha y salgan por la izquierda. Yo me ausentaré por tres días; mientras yo no vuelva, han de ayunar y velar." Diciendo ésto se fue a una distancia de dos millas donde hizo un montón de tierra y colocó el palo amarillo para la Maicera Amarilla. Luego derramó harina de maíz sagrada alrededor. Lo mismo hizo con los demás palos—colocándolos en lugares regulares hasta llegar a la kiva. Mientras tanto, los caciques rezaban en la kiva.

Poco después, en respuesta a las oraciones de los caciques, llegaron las katchinas de Wenimah. Éstas eran Koyemcih, Tatchut y Pautiwah. Hablaron a la gente así, "Hemos llegado en respuesta a sus oraciones y queremos ayudarles." Éstas, también, empezaron a rezar y dentro de poco tiempo sus

low stick on it for the yellow corn maiden. Then, he spread sacred corn meal all about. He did the same with all the other sticks, placing them all at regular intervals until they reached the Kiva. In the meantime, the chiefs continued praying within the Kiva.

Shortly afterward, in response to the prayers of the chiefs, the Katchinas from Wenimah (the home of the gods) arrived. They were Koyemsih, Tatchut, and Pautiwah. They spoke in this manner. "We have come in answer to your prayers and wish to help you." They also joined in the prayers and in no time their prayers were answered.

It was not long before the corn maidens arrived. The Katchinas entered the Kiva but the Corn Maidens remained outside. Upon seeing this, Koyemcih went outside and sprinkled blue corn meal and the Blue Corn girl followed him. Then, he called the other Corn Maidens by sprinkling corn that matched each one's name. The white Corn Maiden was the last to enter.

Having done this, Koyemcih walked around the Kiva four times and returned to Wenimah. Soon the other Katchinas followed.

Within the Kiva, the caciques spoke to the Corn Maidens, begging them to return to their people. At last, they decided to remain at the pueblo, which was a very good decision.

In a short time, there was an abundance of corn in the pueblo and the pueblo people were happy.

oraciones fueron premiadas.

No tardaron las maiceras en llegar. Las katchinas entraron en la kiva, pero las maiceras permanecieron afuera. Koyemcih, al ver ésto, salió afuera y derramó harina de maíz azul; la Maicera Azul le siguió. Así, llamó a las otras maiceras—derramando maíz del color que le correspondía a su nombre. La Maicera Blanca fue la última que entró. Al acabar de derramar el maíz, Koyemcih dio vuelta a la kiva cuatro veces y regresó a Wenimah. Poco después le siguieron las otras katchinas.

Dentro de la kiva, el cacique les habló a las maiceras, rogándoles regresar a su gente. Al fin decidieron quedarse en el pueblo—lo cual fue una resolución buena.

Dentro de poco tiempo hubo abundancia de maíz en el pueblo y toda la gente fue feliz.

# The Watermelon Race | La carrera de la sandía

There is nothing the People like better than to have foot races. This may be because in the long ago, the gods of the People always settled their problems by means of foot races.

One day, very soon after the Indians had reached Keatwah, a place to the north, the twin gods Moyachuntanah, the Great Star, and Mokwanosenah, the Morning Star, made a journey to this village and, calling the chiefs of the pueblo, said to them:

Lo que más les agrada a los indios es tomar parte en carreras de pie. Tal vez será por que en tiempos remotos los dioses de los indios arreglaban todo problema con carreras de pie.

Un día poco después de que los indios llegaron a Keatwah, un sitio hacia al norte, los dioses gemelos Moyachuntanah, el Lucero Grande, y Mokwanosenah, el Lucero de la Mañana, hicieron un viaje a dicho pueblo y, al llamar a los caciques,

"Call your people, and let them take part in foot races. We have not had one for a long time."

The chiefs did as the gods asked them. All day long the people came to the appointed place. They came from the East, from the West, from the North, and from the South.

When all had gathered, Mokwanosenah asked, "Have all arrived?"

"Yes," answered one of the chiefs. "Even the children are here."

"Very well," said the Morning Star. "I am bringing a new fruit to the Pueblo People. Not one of you has ever tasted it. The first to taste it will be the winner of the race which we are about to begin. It will be the prize. From its seed will spring many more of its kind, so that all of you will enjoy it in due time. Now choose two runners, a young boy and a young girl, and let the race begin."

The Pueblo People did as they were told, all anxious to see who would win the race and almost certain that the young man would be the winner. It has always been known that a man is much stronger than a woman in foot races, although there are some girls who run as well as men.

All preparations having been made for the race, the watermelon, the prize fruit, was placed at the race goal. The signal was given and the runners were off.

They seemed like little birds fluttering through the air, they ran so fast. But, although the young girl was very swift in running, she could not catch up with the young man. He sped like an arrow, soon reached the goal, and, grasping the waterme-

les mandaron así, "Llamen a toda su gente y avísenles que han de tomar parte en carreras de pie. Hace mucho tiempo que no han ocurrido."

Los caciques cumplieron con el mandado de los dioses. Todo el día se veían las multitudes acercándose al sitio determinado. Vinieron del este, del oeste, del norte, y del sur.

Ya todos congregados, preguntó Mokwanosenah, "¿Llegaron todos?"

"Sí," respondió uno de los caciques, "aun los jovencitos han llegado."

"Muy bien," respondió el Lucero de la Mañana, "aquí les traigo una fruta, jamás conocida en los pueblos. La primera persona que saboree dicha fruta será quien ganará la carrera que estamos para principiar. Ésta será el premio al vencedor. De la semilla de dicha fruta brotaran matas y con el tiempo toda la gente las gozarán. Ahora escojan dos jóvenes, una mujer y un hombre, y que empiece la carrera."

La gente del pueblo hizo lo que les había mandado, todos ansiosos de ver quién ganaría la carrera, y casi seguros de que el joven sería el vencedor. Es cierto que el hombre tiene más fuerza en eso de carreras de pie, sin embargo, hay algunas jóvenes que tienen igual habilidad.

Hecho todo preparativo para la carrera, la sandía, que era el premio, se colocó en la raya de la meta. Se dio el aviso y adelante con los corredores.

Parecían pájaros volando por el aire, tan rápidamente corrían, y aunque la jovencita corrió con rapidez jamás llegó a darle alcance al joven; éste corrío como una flecha y dentro de poco llegó a la meta y,

lon, held it above his head, showing the spectators that he had won the race.

And how do you suppose the young girl felt? Well, it is said that she was very disappointed and sad. The Great Star, who was always kind and ready to cheer his people and make them happy, saw how sad she was and said to her, "Do not be sad, little one, I shall give you a prize also. From today on, girls will always be more beautiful than boys, and the man will usually be stronger than the woman."

Upon hearing this, the young girl went off by herself to rest and came to the bank of a little stream. She was very tired after her race. No one noticed her absence, because they were looking and wondering at the unexpected new fruit, the watermelon.

Having rested a while on the silky soft grass, the young girl started to get up and saw herself in the water of the river. She was so pleased at what she saw that she forgot she had lost the race and went back to rejoin her friends.

From that day to this, the words of Moyachuntanah have come true. Girls, as a rule, are prettier than boys, although boys are stronger.

alzando la sandía, la levantó en alto, mostrando al público que había vencido.

Y la jovencita—¿Cuales serían sus sentimientos? Se cuenta que se puso muy triste y desconsolada. El Lucero Grande, siempre amable e inclinado a consolar a su gente, al ver a la jovencita tan triste, le habló así, "No estés triste, chiquita, y te daré un premio a tí tambien; de hoy en adelante las jóvenes siempre serán más hermosas que los jóvenes, y, por lo general, el hombre será más fuerte que la mujer."

Al oir estas palabras, la jovencita se fue sola y caminó a la ribera de una corriente. Se sentía bien fatigada después de la carrera. Nadie notó su ausencia, porque estaban maravillandose con la nueva fruta inesperada.

Despues de descansar un poco en la hierba sedena y blanda, se levantó y se vio en el agua del río. Le dio gusto con la imagen que vio en el agua y se le olvidó que había perdido la carrera; así, se apresuró a reunirse con su gente.

Desde ese día a éste, las palabras de Moyachuntanah se han realizado. Por lo general, las jovencitas son más bien parecidas que los jovenes, aunque los jovenes son más robustos.

# The Pumpkin Race | La carrera de la calabaza

The watermelon races having come to an end, it was time for all to return home. The gods noticed that the Pueblo People were unwilling to leave and seemed disappointed. The Great Star approached the cacique and said to him, "The races are over. What do your people want? Why do they not return to their homes?"

The cacique lowered his head. He feared that the star was going to be displeased with him and his people. Finally, he

Ya terminada la carrera de la sandía, se llegó la hora de que la gente volviese a casa. Los dioses notaron que la gente no quería regresar a casa y aun parecía malcontenta. Así se encaminó el Lucero Grande a donde estaba el cacique y le dijo, "Ya terminaron las carreras. ¿Qué espera la gente, por qué no se van a sus casas?"

El cacique inclinó la cabeza. Creó que el lucero se iba a disgustar con él y con su gente,

said, "My people are saying that they have come from far away to see the races and they wish them to continue."

To this the star answered, "I shall speak to my brother, the Morning Star." After talking things over, the brothers decided that since the pumpkin had not yet been given to the Pueblo People, they might just as well have another race, and let the pumpkin be the prize.

The Great Star returned to the People and said, "Now it is dark, but soon, we hope, the dawn will come. When the sun rises, we will come together again and here we will have another race. Again a young woman will run against a young man. Perhaps this time she will win." The People were happy, and soon they went to sleep for the night.

Before sunrise, the crowd were up and walking about, getting ready for the race. A young man and a young woman were chosen—the two swiftest runners in the pueblo. The women gave the girl much advice, hoping that she would be the winner. And the men gave the boy just as much advice.

Finally it was time for the race to begin. The prize, the pumpkin, was placed at the spot where the race would end. The runners prepared to start, and soon they had begun to run. First, the girl was ahead, then the boy threw his head back and plunged ahead. Then the girl tried even harder to overtake him, but the boy stayed ahead. As they neared the end, the girl made a supreme effort, overtook him, and grasped the prize. She had won the race.

Now the boy who had lost the race was un-

pero al fin habló así, "Mi gente dice que ha venido de lejos y quiere que sigan las carreras."

El lucero respondió, "Pues, hablaré con mi hermano, la Estrella de la Mañana." Los dos se consultaron. Al fin decidieron permitir a la gente realizar otra carrera, y siendo que todavía no se les había dado la calabaza como comestible, decidieron que ésta sería el premio para la carrera venidera.

Dijo el Lucero Grande a la gente, "Ya anochece, esperamos hasta que amanezca. A la salida del sol, reúnanse de nuevo y tendrá lugar otra carrera. Por segunda vez correrá una joven contra un joven. Tal vez ella gane esta vez." La gente se puso contenta y dentro de poco se fueron a descansar por la noche.

Antes de la salida del sol, ya la muchedumbre estaba en pie. Se hicieron los preparativos para la carrera. Se escojio un joven y una jovencita—los dos, los más lijeros del pueblo. Las mujeres dieron muchos consejos a la joven, esperando que ella fuera la vencedora. También al joven se le dio igual consejo, por los hombres.

Al fin, todo se preparó para empezar la carrera. El premio, la calabaza, se puso en el sitio donde terminaría la carrera. Los jóvenes se preparon para el comienzo, y dentro de poco ya iban que volaban. La jovencita se adelantó primero; luego el joven echó la cabeza hacia atrás y se adelantó un poco. Viendo ésto, la joven hizo mas esfuerzos para adelantarse, pero el joven seguía adelante. Al fin, casi al llegar al término la jovencita hizo un supremo esfuerzo y se adelantó y cogío el premio. Ella fue la vencedora.

En esta ocasíon, el joven se quedó malcontento.

happy. The Great Star called him aside and said to him, "Yesterday, when a boy was the winner, I came to the unhappy girl who had lost and made her a promise; now I see that you are sad and disconsolate and I am going to make you a promise. This is it. From now on, no matter how ugly a man may be, the more beautiful his wife will be.

And this has come to pass, just as the Great Star promised. Have you not noticed that the prettiest women have the ugliest husbands?

El Lucero Grande, viéndolo así, le llamó a un lado y le dijo, "Ayer, cuando un joven ganó la carrera, yo viendo a la jovencita triste, le hice una promesa. Ahora te veo triste a tí y algo desconsolado y te haré una promesa a tí. Es ésta, el hombre entre más feo que sea, se casará con la joven, la más bonita."

Ésto ha pasado, tal cual el Lucero Grande lo prometío. ¿Acaso no has notado, que la mujer más bonita tiene el esposo más feo?

# The Freeing of the Deer | Se da libertad al venado

In the long ago, there lived a man named Kutchutih, at a place called Liniyataweh. He had there a large corral, where he had gathered all the deer that ranged nearby. When the People went hunting for deer, they never found any. They met with small game, but this did not suffice. The Pueblo People were suffering from hunger.

One night, when Ahayutah, the Warrior God, was resting on a mesa, a flash of lightning re-

Vivía, en tiempos remotos, un hombre llamado Kutchutih, en lugar nombrado Liniyataweh. Aquí tenía éste un corral inmenso; en éste había recogido todo el venado que vagaba por los alrededores. Los Indios cuando salían a cazar venado jamás los encontraban, hallaban caza menor pero ésta no les bastaba. El pueblo padecía de hambres.

Una noche, Ahayutah, el Dios Guerrero, descansando en una meseta, vio a poca distancia,

vealed in the distance a large corral. He looked carefully and saw movement in the corral and then observed a large herd of livestock. "This is strange," he said to himself. "I will look into this in the morning."

He then placed a long stick in the ground pointing toward the corral. Thus he would lose no time in finding the site when he returned the next day. Then he went back to his house.

The next day, early in the morning, he prepared his sacred cornmeal and started on his quest. First, he went to his brother's home and told him what he was planning to do. Then he called his friend Achilatapa the eagle, who put Ahayutah on his wings and carried him beyond the river in the direction of the corral that he had seen the day before.

When he was approaching the corral, he looked about him. Near the river, he saw two young girls on the river bank. They were washing deer hides.

When Ahayutah approached them, they continued with their tasks. He greeted them, saying, "Good morning, what are you doing?"

"Nothing," they repled.

He then said, "Why do you answer me thus, when I see you are washing deer skins?" The young girls were silent. "Where do you live?" asked Ahayutah.

"Over there," they answered, pointing to a nearby house.

Ahayutah approached the house. (It was Kutchutih's house.) Kutchutih came out and greeted Ahayutah reluctantly, saying "Good day, what are you doing here?"

a la luz de un relámpago, un corral muy grande. Al
fijarse notó movimiento en el corral. Dentro de
poco divisó una cantidad de ganado. "Ésta es cosa
rara," se dijo a sí mismo. "Mañana averiguaré
ésto."

Al decir ésto, puso un palo en el suelo, el cual
apuntaba al corral. Así no perdería tiempo en hallar
el sitio cuando volviese al siguiente día. Luego se
fué a su hogar.

Otro día, muy temprano, preparó su harina sagrada, y se puso en marcha. Primero fué a la casa
de su hermano y le avisó lo que pensaba hacer.
Luego llamó a su amigo Achilatapa, el águila, el
cual puso a Ahayutah sobre sus alas y lo llevó mas
allá del río, en la dirección del corral que había divi-
sado el día anterior.

Cuando ya se acercaba al corral, se puso a mirar
en los alrededores. Cerca del río, vío a dos jovencitas, que a la orilla del río estaban lavando gamuza.

Al acercarse Ahayutah, siguieron con sus quehac-
eres. Las saludó, diciendo, "Buenos Días—¿Qué hacen?"

"Nada," respondieron. El dijo, "Porque me res-
ponden así, yo veó que están lavando gamuza." Las
jóvenes se quedaron mudas. "¿Donde viven?" les
preguntó Ahayutah.

"Allí," respondieron, señalando a una casa cer-
cana.

Ahayutah se acercó a la casa. (Ésta era la casa de
Kutchutih.) Kutchutih salió y saludó a Ahayutah,
de mala gana, diciendo, "Buenos días. ¿Qué haces
por aquí?" "Nada," dijo Ahayutah, "Ando paseándome."

Kutchutih no lo creyó y le dijo, señalando al cor-

"Nothing," said Ahayutah. "I am out for a stroll."

Kutchutih did not believe him, and said, pointing at the corral, "Do not take a walk by there, for a very evil person lives there; he has killed many and may harm you, should you walk nearby."

Ahayutah pretended to believe him and started off in the opposite direction. As soon as he was out of sight, he turned around and went in the direction that Kutchutih had told him not to take.

He soon reached the corral, which he had seen at a distance the day before. The corral teemed with deer. He did not know what to do. Finally, he decided to return home and make a plan.

On his way home, he encountered Tolsikwacih, the horned owl, who asked him what he was seeking. Ahayutah gave him the same answer he had given Kutchutih: "Nothing, I am out for a stroll."

The horned owl, who was somewhat suspicious, said, "I believe you are looking for something. Did you see the deer in the corral?"

Upon hearing these words, Ahayutah thought, "Perhaps this one can help me." He answered the horned owl, "Yes, I saw them and I would like to take them out of that place; my people are in want, and it is unjust that Kutchutih should take all the deer for himself. Why don't you help me free them?"

"Very well," said the horned owl, and he began preparing to free the deer.

He made four loaves of corn bread; these he gave to Ahayutah, who placed them in a large bag which he carried. Also he gave him some black wool, which he had obtained from one of the kivas. Then

ral, "No pases por allí, una vil persona vive allí; ha dado muerte a muchos y si pasas por allí, tal vez te hará daño."

Ahayutah fingió creerle y se encaminó en la dirección opuesta. Tan pronto como salío de vista, regresó y tomó la dirección que Kutchutih le había dicho que no tomara.

Se acercó al corral, el cual había visto el día anterior a una distancia. En este corral se veía un sin numero de venado. Ahayutah no hallaba qué hacer, por fin decidío regresar a su casa y tramar un plan.

Al encaminarse encontró a Tolsikwacih, el buho cornudo, quien le preguntó que buscaba. Ahayutah respondió como le había respuesto a Kutchutih, "Nada, paseándome."

Sin embargo el buho, que era algo suspicaz, le dijo, "Yo creo que tu buscas algo. ¿Viste el venado en el corral?"

Al oír ésto pensó Ahayutah, "Tal vez éste me pueda ayudar." Le respondió al buho, "Sí, yo los vi, y quisiera sacarlos de allí; mi gente está muy necesitada y no es justo que Kutchutih, se apropie de todo el ganado. ¿Por qué no me ayudas a librarlos?"

"Bueno," dijo el buho cornudo, y empezó a hacer preparaciones para librar al ganado.

Hizo cuatro tortas de pan de maíz; se las dio a Ahayutah, quien las colocó en una bolsa grande que llevaba; también le dio un poco de lana negra, la que había conseguido de una de las estufas. Luego llamó al lobo, al oso, al león, al tejón y al coyote, y les mandó reunirse cerca del corral la noche siguiente.

he called the wolf, the bear, the mountain lion, the badger, and the coyote, and ordered them to gather at the corral the following evening.

The following night, Ahayutah returned to the house of Kutchutih. On this occasion, he did not deny that he had come seeking the deer. Kutchutih invited him to enter and spend the night. This Ahayutah refused to do, saying, "I never spend the night in a house; I always sleep outside. I will sleep here by the door on this blanket." He then stretched out near the door, although Kutchutih begged him to enter.

A little before midnight, he arose, looked about, and lay down again. "It is not yet time," he said to himself. At midnight, he again arose; he made a fire and placed on it the four loaves of cornmeal which the horned owl had given him. Then he took the little pieces of black wool and scattered them all about. This the owl had told him to do, so that those in the household might not awaken.

Having done as the owl said, he started toward the corral, saying to himself, "Only Tata Dios knows what will come of this."

Upon nearing the corral, he saw the owl. He threw a little black wool at him and the owl also went to sleep.

Then he approached the deer and started a conversation with them. The deer told him that they were sad, because they no longer roamed through the forest or the woods as they used to. While this conversation was going on, the five animals whom the owl had ordered to gather at the corral arrived. "Why were we called here? What do you wish us to do?" they asked of Ahayutah.

Ahayutah volvió a la casa de Kutchutih a la noche siguiente. En esta ocasión no negó que había venido en busca del ganado. Éste, le invitó entrar y pasar la noche con el. Aquel rehusó, diciendo, "Yo jamás paso la noche en una casa; siempre duermo afuera; aquí dormiré en la puerta sobre esta tilma." Con ésto se tendió cerca de la puerta, aunque Kutchutih le suplicó entrar.

Poco antes de la mdia noche se levantó, miró alrededor y se acostó de nuevo; se dijo a si mismo, "todavía no es tiempo." A media noche se levantó; hizo fuego, y puso las cuatro tortas de pan de maíz al fuego—las que el buho le había regalado; luego hizo pedacitos de la lana negra y la esparció por todas partes. Ésto le mando el buho hacer, para que los de la casa no despertaran.

Habiendo cumplido con el mandado del buho, se puso en camino hacía el corral, diciendo a sí mismo, "Solo Tata Dios sabe el resultado de ésto."

Al acercarse al corral, vio al buho; le arrojó un poco de lana negra y éste también se durmió.

Entonces se acercó a los venados y se puso a platicar con ellos. Éstos le contaron que estaban tristes, porque ya no vagaban por los bosques ni por el monte, como de costumbre. Mientras platicaban, llegaron los cinco animales a quienes había mandado el buho reunirse cerca del corral. "¿Por qué nos llamaron? ¿Qué quieres que hagamos?" rogaron a Ahayutah.

Ahayutah les dijo, "Destruyan este corral, para que salga el venado." El corral era bien construido y era muy alto; sin embargo, dentro de poco todos los animales juntos lo tumbaron.

El venado salió—dando saltos de gusto. Uno

Ahayutah replied, "Destroy this corral, so that the deer can escape." The corral was well made and very high, but after some time all the animals together tore it down.

The deer leaped out joyfully. One ran toward the mountain. The mountain lion followed him and killed him. Another ran east; the bear followed him and easily did him in. Another ran south; this one the badger pursued. Another ran toward the west, and was eaten by the wolf. A little one started to run, pursued by the coyote. After a while, the coyote came back, breathing hard with his tongue hanging out. "The young deer has escaped him," said the others, laughing. Ahayutah looked at him and said, "You who did not succeed in your kill, never will you kill an animal; you will always eat what other animals destroy."

These words of Ahayutah are true, even today. Even when the coyote makes a kill, he lives on meat that other animals abandon.

The remaining deer escaped and fled to the peaks of the mountains, where they live today. They are called *halikoh* or hart.

All the deer having escaped, Ahayutah awoke the inhabitants of the hosue, who screamed in fury at seeing an empty corral. They rushed upon Ahayutah and his animal friends; Ahayutah quickly threw bits of black wool at them, of which he still had a small quantity in his possession. Immediately, the people in the house turned into crows and flew off in all directions—the first crows in creation. Ahayutah returned to his pueblo and found his people enjoying the abundance of deer meat.

corrió hacia el monte; el león lo siguió y lo alcanzó; otro corrió al este, lo siguió el oso y como nada le mató; otro corrió al sur; el tejón se sirvió de éste; otro al oeste, el cual fue preso del lobo. Un pequeñito salió a correr persiguido del coyote; dentro de poco volvió el coyote respirando con trabajo y con la lengua tan larga. "El venadito se le escapó," dijeron los demás, riéndose. Ahayutah lo miró y le dijo, "Tú que no lograste hacer tu matanza jamás matarás un animal, siempre comerás lo que los otros animales matan."

Estas palabras de Ahayutah se han realizado hasta hoy. El coyote vive de carne que otros animales dejan, después de hacer su matanza.

Los demás venados se escaparon y huyeron a la cresta de las montañas, donde hoy día viven con el nombre de *halikoh* o ciervo.

Todo venado ya escapado, Ahayutah despertó a los habitantes de la casa, quienes gritaban de rabia al ver el corral vacío. Todos se vinieron encima de Ahayutah y sus amigos, los animales; éste, con mucha prisa, arrojó pedazos de lana negra de la cual todavía le sobraba un poco. Al instante aquellos de la casa se convirtieron en cuervos, y volaron por todas partes—los primeros cuervos de la creación. Ahayutah regresó a su pueblo y halló a su gente gozando de carne de venado en abundancia.

# The Death of the Giant Hakisutah

# La muerte del gigante Hakisutah

Ahayutah, the Warrior God, watched over his people from a very high mesa. From there he saw them at work and knew when they were happy and when they were sad and had troubles. After a time, he noted that when his people took a certain pathway to a nearby woods, they did not return. "Something is wrong here; someone is doing them evil or harm," he said to himself.

After thinking the

Ahayutah, el Dios Guerrero, cuidaba de su gente desde una mesa altísima. De allí los veía en sus tareas y sabía cuando estaban contentos y cuando estaban tristes y tenían pesares. Con el tiempo notó que cuando su gente tomaba cierta vereda hacía un bosque cercano, jamás volvía de allí. "Ésto no me parece bien; alguien les está haciendo mal o daño," decía el.

Pensando en ésto, buscó a su hermano mayor y le dijo, "Nues-

matter over, he sought his older brother and said to him, "Our people are in great danger of destruction; let us investigate this occurrence." They started out together on the path already mentioned. They found footprints that went into the woods but did not come out. They followed these footprints until they reached a high mesa—where the path became narrower and narrower. On one side of the path was a deep precipice.

On turning round a bend, they met a giant. He was stretched out with his leg in the path where the brothers were trying to go. Of course it blocked their way entirely. He was a ferocious being. From his forehead protruded a long horn. As soon as Ahayutah saw him, he knew he was looking at the giant Hakisutah, who lived on human flesh and was the terror of the people in the neighborhood.

The giant greeted them, seemingly in a friendly manner, wishing them good morning and asking the brothers where they were going. Ahayutah greeted him also and told him that he and his brother were out for a walk, and if he would do them the favor of getting out of the way, they would continue on their journey.

Ahayutah knew very well that the giant was planning to roll both of them over the precipice as soon as he had a chance, but he pretended not to know anything about this. When Ahayutah again insisted that the giant move aside, the giant said, "I cannot move; I have injured my leg, but go ahead, I will not molest you."

Ahayutah answered, "No, the path is too narrow; if we go ahead, we might fall over the precipice. Move over."

tra gente está en gran peligro de acabarse; averigüemos esta occurencia." Se pusieron en marcha los dos por la vereda ya mencionada. Hallaron rastros que entraban al bosque pero no salían. Siguieron los rastros hasta llegar a la cumbre de una meseta— donde la vereda se hacía más y más estrecha. A un lado de la vereda había un gran precipicio.

Al dar vuelta a una esquina se encontraron con un gigante. Éste estaba tendido con una pierna en la vereda, por donde los hermanos trataban pasar. Era un ser de aspecto feroz. De la frente le salía un enorme cuerno. En cuanto Ahayutah lo miró, supo que aquel a quien miraba era el Gigante Hakisutah, quien vivía de carne humana y era el terror de los habitantes de la vecindad.

El gigante les saludó, al parecer, amistosamente, dándoles los buenos días y preguntándoles a dónde caminaban. Ahayutah también le saludó y le dijo que andaban paseándose por allí, y si les hacía el favor de moverse de su paso, seguirían en su camino.

Bien sabía Ahayutah que el gigante les iba a hacer rodar por el precipicio, cuando la oportunidad se le presentara, pero fingió no saberlo. Cuando Ahayutah insistió de nuevo en que el gigante se ladeara, éste le habló así, "No puedo moverme, me ha lastimado la pierna, pero sigan adelante, y no les molestaré."

Ahayutah respondió, "No, el camino es demasiado estrecho; si caminamos adelante tememos rodar del precipicio. Muévete."

El gigante, que era muy contumaz, no se movió, sino que insistió en que los hermanos siguieran su paso. Al fin dijo Ahayutah a su hermano, "Tú, pasa

The giant, who was very stubborn, would not move, but insisted that the brothers continue their journey. Finally, Ahayutah said to his brother, "You go ahead," and this his brother did. As soon as the brother tried to follow the path, the giant gave him a kick and knocked him over the precipice. But he did not fall alone. When the giant kicked the brother, Ahayutah grabbed the giant and gave him a shove. The giant fell to the bottom of the precipice.

Hakisutah's son, who was waiting at the foot of the precipice for the victims to fall, advanced hurriedly with a huge stick, but, thinking he was striking Ahayutah's brother, he struck his own father. Then the two brothers fell upon the giant's son and put an end to him.

In this manner, Ahayutah and his brother delivered their people from these dangerous monsters. From then on, the Pueblo People traveled unmolested on the path through the woods.

adelante." Así lo hizo el hermano. Tan pronto como el hermano trató de seguir su paso, el gigante le dio con la pierna y aquel fue a dar al pie del precipicio. Pero no cayó solo. Al tiempo que el gigante botó al hermano, Ahayutah cogió al gigante y le empujó. Así también el gigante cayó al pie del precipicio.

El hijo de Hakisutah quien esperaba al pie del precipicio a que cayeran las víctimas se adelantó con un palo grandísimo, pero en vez de darle al hermano de Ahayutah, le dio a su mismo padre. Luego los dos hermanos cayeron sobre el hijo y también le dieron muerte.

Así Ahayutah y su hermano libraron a su gente de estos monstruosos amenazadores. Desde entonces, la gente viajó por la vereda sin que nadie les moleste.

# The Rain Jars

# Las tinajas de lluvia

After Ahayutah destroyed the giant Hakisutah and his son, the People lived well. Now everyone could travel far and near without fear of being destroyed. They were all content and happy. Soon, however, other evils befell them. They planted their crops as usual, but nothing grew, because of an intense drought. Although it rained at other pueblos, at Zuni the drought continued.

Distressed to see his people unhappy, Ahayutah determined to find

La gente lo pasó bien después de que Ahayutah dio muerte al gigante y a su hijo. Ahora podía todo el mundo caminar lejos y cerca sin temor de ser molestado. Todo el mundo estaba bien contento. Sin embargo, dentro de poco, como suele suceder, cayeron otros males. Plantaron sus siembras somo de costumbre, pero nada crecía, por haber tanta sequía. Aunque en los otros pueblos llovía, en el pueblo de Zuñi continuaba la seca.

Ahayutah, perturbado

out the cause of this drought. He went out walking and met the badger, who was also out for a stroll. "Good morning, badger, how are you?" he said to the badger.

"Very well," replied the badger. "Why are you so downcast?"

"My people are very sad; there is such a drought at the pueblo that if it does not rain soon, they are in danger of perishing from hunger," replied Ahayutah. "Do you know why it does not rain at Zuni?"

"Not positively," said the badger. "But I think that the giant who lives on the other side of the canyon has something to do with this calamity. I do not live very near his home, so I am not so sure of what I say."

Ahayutah then said, "You can easily move your home near his dwelling; go there and investigate what is going on." This the badger agreed to do. Without further ado, the badger prepared to dig a new house near that of the giant, making a tunnel that joined the two dwellings.

During the night, while the giant slept, the badger crept into his house and looked all around. After observing for some time, he said to himself, "Now I know why it has not rained at Zuni Pueblo." Everywhere he saw large jars full of rain clouds—all sealed with resin gum from the pine trees, so that the clouds could not escape. "I will go at once and relate this to Ahayutah," said the badger to himself, "but first I want to make sure where the giant's heart is located; thus it will be easier for Ahayutah to do away with him." The

por el desconsuelo de los habitantes, determinó investigar la causa de esta sequía. Se puso en camino; de repente se encontró con el tejón, que también andaba de paseo. "Buenos días, tejón—¿Cómo te va?" le dijo al tejón.

"Muy buenos días," respondio el tejón. "¿Por qué estás tan apenado?"

"Mi gente está sin consuelo," respondio áquel. "Hay tanta sequía en su pueblo que si pronto no llueve, hay riesgo que mi gente padezca de hambres." "¿No sabes tú por qué no llueve en Zuñi?"

Respondió el tejón, "No sé de cierto, pero yo creo que el gigante que vive al otro lado del cañón es responsable por esta calamidad. Como yo no vivo muy cerca de su habitación, no estoy muy seguro de lo que digo."

Entonces dijo Ahayutah, "Tú bien puedes acomodarte cerca de su casa; ve, acércate y averigua lo que pasa." El tejón convino. Sin más ni menos, el tejón se apresuró a cavar una casa nueva cerca de la del gigante, cavando un túnel que juntara a las dos habitaciones.

Durante la noche, mientras el gigante dormía, entró el tejón a casa de áquel y anduvo mirando por dondequiera. Después de investigar bien se dijo a sí mismo, "Ahora, sé por qué no ha llovido en el Pueblo de Zuñi." Notó que por todas partes había grandes tinajas de nubes de lluvia—todas bien selladas con goma de pino para que las nubes no se escapasen. Dijo el tejón a si mismo, "Volveré y contaré todo a Ahayutah, pero primeramente hay que asegurarme dónde tiene el gigante el corazón; así le

badger approached the sleeping giant very carefully and saw the giant's heart beating amidst his ribs. Satisfied with what he had seen, the badger hurried to tell Ahayutah what he had seen, saying to him: "Tomorrow night, while the giant sleeps, enter through the tunnel which I have dug to his house so you can see with your own eyes what's going on there."

"But my friend," said Ahayutah, "your alley is too narrow for me to get through.

"Do as I say," said the badger. "You will see that you can easily get through."

Ahayutah went to his brother's home and told him what the badger had seen, urging his brother to accompany him to the giant's home to see if they could uncover the jars, which were sealed with pine resin gum. "We can kill the giant," said Ahayutah, "if we can be sure that he will never harm our people."

The brothers did not delay in going to the badger's house. There they saw the entrance. The brothers came in and marveled at the size of the house, as they had believed it would be so narrow that one would not be able to enter it. Before they went through the tunnel, the badger said, "As soon as you have done away with the giant, return quickly to my house; I shall seal the tunnel on this side so that the giant cannot get through."

Everything went as planned. They entered the giant's house and found him asleep. Both of them aimed at once and sent arrows into his heart. The giant arose screaming with pain and fury. The brothers cried "Amen!" in unison and hastened to

será fácil para Ahayutah darle la muerte." Se acercó al gigante con mucho cuidado y diviso el corazón del gigante palpitando entre las costillas. Ya satisfecho con lo que había visto, el tejón se fue a toda prisa a contarle a Ahayutah todo lo que había visto, diciéndole, "Mañana por la noche mientras el gigante duerma, entra por el túnel que tengo hecho de mi casa a la de él para que te desengañes con tus propios ojos de lo que esta pasando allí en su casa."

"Pero amigo mio," dijo Ahayutah, "tu callejón es demasiado estrecho para darme cabida a mi."

"Haz lo que te encargo," dijo el tejón. "Tú verás que bien puedes pasar."

Ahayutah se fue a la casa de su hermano y le contó lo que el tejón había visto, rogándole acompañarlo a la casa del gigante para ver si podrían destapar las tinajas, aunque estaban bien selladas con goma de pino. "Hay que darle muerte al gigante," dijo Ahayutah, "si los dos le tiramos a la vez, estamos seguros de que jamás hará mal a nuestra gente."

No tardaron los dos hermanos en encaminarse a la casa del tejón. Éste los encontró a la puerta. Los dos hermanos entraron y maravillaron al ver el tamaño de la casa, porque creyeron que iba a estar tan pequeñita que tal vez no podrían entrar. Antes de encaminarse por el túnel, les dijo el tejón, "Tan pronto como le tiren al gigante, apresúrense a volver a mi casa; yo sellaré el túnel de este lado para que no pueda pasar el gigante."

Todo pasó tal cual había sido arreglado. Entraron a la casa del gigante, y lo hallaron durmiendo a

the house of the badger, who was waiting anxiously to find out what happened. After a while, they all looked in and saw the giant stretched out, motionless. "Let us take precautions," said Ahayutah, "he may still be alive. Strike him with something, brother, to see if he moves." The brother threw a rock at him, but he did not move. Ahayutah approached him and thrust him in the belly with a flint knife. In the meanwhile, his brother started a fire. When the flames were high, they took the giant's heart and threw it into the flames, so that it would burn and the giant could not come back to life.

After doing this, they went back to the giant's house and uncovered the jars one by one, thus allowing the rain clouds to escape. Soon the clouds gathered in the skies and the rain came down gently. The Pueblo People shouted with joy: "Now our fields will grow and we will have crops aplenty! Now our troubles are over!"

pierna suelta. Los dos le apuntaron a la vez y los dos le dieron flechazos en el corazón. Aquél se puso en pie dando gritos de dolor y de furia. Los hermanos en un decir "amén" se hallaron en la casa del tejón, quien los esperaba ansioso de saber el resultado. Después de poco, se asomaron todos y vieron al gigante tendido, inmóvil. "Tomemos precauciones," dijo Ahayutah, "no sea que todavía viva. Dele con algo, hermano, a ver si se mueve." El hermano le arrojó una piedra, pero no se movió. Ahayutah se acercó y le dio en la panza con su navaja de pedernal, mientras su hermano encendió una hoguera. Cuando las llamas ya estaban altas le sacaron el corazón al gigante y lo echaron al fuego para que se quemara y así el gigante no pudiera revivir.

Acabado ésto entraron a la casa del gigante y destaparon las tinajas una por una, dejando escapar las nubes de lluvia. Pronto se juntaron las nubes en el cielo y empezó a llover suavemente. La gente del pueblo dio gritos de regocijo, diciendo, "¡Ahora sí saldrán nuestras siembras y tendremos cosechas en abundancia! ¡Ya se acabaron nuestras penas!"

# The Magic Stick | El palo mágico

Thus the People traveled, hoping to arrive at the dwelling of Kanakweh, the White Katchina. They well knew that if she could prevent their passing through her lands, she would do so. For this reason, they were not surprised when a messenger from Kanakweh came to meet them and tried to prevent their passage, ordering them to return to the place whence they had come. This the People refused to do; instead they started to make sacred

Así caminaban los indios, esperando llegar a la habitación de Kanakweh, la Katchina Blanca. Bien sabían ellos que si ella podía prohibirles pasar por allí, lo haría. Por esto no se sorprendieron cuando un mensajero de Kanakweh salió a encontrarlos y trató de detenerles su paso, mandándoles regresar al sitio de donde habían venido. Esto la gente rehusó hacer, más bien se pusieron a hacer plumas sagradas y a ofrecerlas a sus propias katchinas de Waynema.

plumes and to offer them to their own katchinas from Waynema.

In a little while, in response to the entreaties of the Indian people, the katchinas from Waynema arrived and finally forced the White Katchina to withdraw, but not without a fierce struggle, even with the help of the Great Star, Moyachuntanah, and the Morning Star, Mokwanosenah.

It is told that the captain of the White Katchina was the White Katchina's own mother, who was leading the struggle in person when the fray was the fiercest. Although arrows were piercing her body through and through, she would not die. The katchinas from Waynema thought this very strange and became more and more startled when they saw that even though the body of the captain was completely criss-crossed by arrows, she was still on her feet.

The Great Star, watching the struggle from his celestial home, spoke to his brother in this manner: "Let us ask our father the sun to help us lead our people out of this dilemma."

"Very well," answered the brother, "let us go." As he said this, the Great Star took some turquoise and pulverized it, mixed it with cornmeal, and rubbed it on the points of his arrows. Following this, he aimed at the sun, thus making a slender path of bluish dust. The brothers traveled along this narrow path, at last arriving at the dwelling of their father, the sun.

Upon seeing the two brothers before him, Father Sun asked, "What do you wish? Why have you come to my home?"

Dentro de poco, acudiendo a los ruegos de la gente llegaron las katchinas de Waynema y consiguieron hacer huir a la Katchina Blanca, pero no sin meterse en una lucha tremenda, ayudándoles el Lucero Grande, Moyachuntanah, y su hermano, Mokwansenah, la Estrella de la Mañana.

Se cuenta que el capitán de la Katchina Blanca era su misma madre, y cuando la lucha estaba mas acalorada ésta la acuadillaba en persona, y aunque le pasaban flechas por todo el cuerpo, aun no moría. A las katchinas de Waynema les parecía algo raro todo ésto y más y más se sorprendían a ver el cuerpo del capitán completamente atravesado de flechas y aun se quedaba en pie.

El Lucero Grande, contemplando la lucha desde su aposento celestial, habló con su hermano así: "Vamos a pedir a nuestro padre el sol, que nos ayude a sacar a nuestra gente de estos apuros."

"Bueno," dijo su hermano. Al decir ésto, el Lucero de la Mañana pulverizó un poco de chalchihuite, lo mezcló con harina de maíz y lo refregó en las puntas de sus flechas. Tiró hacia al sol, haciendo una veredita de polvo azulejo. Por esta veredita subieron los hermanos hasta llegar al aposento de su padre, el Sol.

Al ver a los hermanos ante a él, el Sol les preguntó, "¿Qué desean, a qué han venido a mi aposento?"

A ésto respondió el Lucero Grande, "Padre nuestro, venimos a suplicarle nos ayude a vencer al enemigo de nuestra gente."

Al principio el sol les dio poco atención, diciendo, "Yo ignoro la causa de todo esto."

To this replied the Great Star, "Our Father, we have come to ask that you help us to conquer the enemy of our people."

At first, the sun paid them little mind, saying, "I am ignorant of the cause of all this trouble."

The Great Star replied, "How is it that you do not keep yourself informed on all that is going on in the world? Here on high from these heights, you should be able to see all that goes on down below."

After a few moments of silence, the Sun Father responded, "The captain of the White Katchina carries in her right hand a pumpkin rattle and in it, she carries her heart. If you do not strike at her heart which she carries in this rattle, it is impossible to kill her."

Saying this, the Sun Father gave the two brothers a magic stick made of turquoise, a foot and a half long, saying these words: "If you are careful, victory will be yours; if not, defeat will be." He called the stick Tiakwatenah.

Immediately, the celestial brothers returned to the scene of the battle between their people and the followers of Kanakweh. Suddenly the Great Star hurled the magic stick; it curved through the air, striking the heart of the captain and causing her to fall suddenly. At once, Pautiwah, one of the katchinas from Waynema who was nearby, ran up and broke the heart into bits.

When Kanakweh saw her mother lying dead, she fled, running through a subterranean passage, and came to the house of Panatumah, a place close to where the pueblo of Zuni is today. It is said that even today Panatumah lives in this area.

El Lucero Grande contestó, "¿Cómo es que usted no se informa de todo, estando aquí en lo alto? Desde aquí todo se ve."

Despues de unos momentos de silencio, dijo el sol, "El capitán de la Katchina Blanca lleva en la mano derecha una matraca de calabaza y adentro de ésta lleva el corazón. Si no se le da en el corazón que lleva, será imposible darle muerte."

Diciendo ésto, el Sol les regaló a los dos hermanos un palo mágico, hecho de chalchihuite, de pie y medio de largo, añadiendo estas palabras, "Si obran con cuidado, la victoria será suya, y si no, suya será la derrota." Este palo llevaba el nombre de Tiakwatenah.

Pronto regresaron los hermanos celestiales al sitio donde la batalla continuaba, entre su gente y la de Kanakweh. De repente, lanzó el Lucero Grande el palo mágico, el cual zumbó por el aire describiendo una curva, dándole directamente al corazón del Capitan, causando que cayera de súbito. Al instante corrió Pautiwah, una de las katchinas de Waynema quien estaba cerca, y le hizo pedazos el corazón.

Cuando Kanakweh vio que su madre yacía muerta, salío corriendo por una apertura subterránea y vino a dar a la casa de Panatumah, en un lugar cerca de donde está el pueblo de Zuñi hoy día. Se dice que aún en estos tiempos habita Panatumah en estas regiones.

Este palo mágico al ser arrojado por el aire no solo dió muerte al capitán sino que también hizo otros destrozos que por fin sirvieron de bien. Un pato que vagaba de mirón cerca de donde luchaban las katchinas, se quedó pasmado al ver el palo

The magic stick, upon being hurled through the air, not only killed the captain, but caused other damages which in the end were for the best. A duck, who was wandering about observing the battle of the katchinas, was amazed, upon seeing the stick flash through the air, when suddenly he felt that part of his feet had been cut off by the stroke of the magic stick. At the same time, the magic stick made a curve and struck the nose of the wolf, also a curious by-stander, cutting off the tip of his nose. The stick struck a passing bear so violently on his belly that he doubled up in agony. The wolf rubbed his nose against the white belly, leaving it stained red.

When all was calm and after the White Kachina had fled, the duck, the wolf, and the bear went to the Great Star to complain of their mishaps. "Look at my legs," said the duck, "how short they are, and how red—the bleeding has not stopped."

The Great Star answered, "That is better, the reddish color on your legs will serve to distinguish you from the other fowl; you look better with short legs; they were too long." Upon hearing these words, the duck looked himself over and was satisfied. That is why even today the duck has short legs.

Then the wolf, whose nose had been blackened as the result of the blow of the magic stick, said fiercely, "Look at my nose; it is black!"

"That is true," said the Great Star. "Be glad that you no longer resemble the coyote; now you look different." Upon hearing these words, the wolf was happy and departed proudly.

zumbar por el aire sin darse cuenta, de repente sintió que le habían cortado las dos patas por el flechazo del palo mágico. Al mismo tiempo en cuanto iba haciendo otra curva el palo mágico, le dio en la nariz a un lobo que también vagaba allí de curioso, cortándole la punta de la nariz. A un oso que pasaba por ese sitio le dio el palo en la panza, haciéndolo doblarse en agonía. El lobo se refregó la nariz contra la piel blanca haciéndola de color rojizo.

En cuanto se calmó todo y la katchina blanca había huido, se fueron el pato, el lobo y el oso a quejarse ante el Lucero Grande. "Mire mis patas," dijo el pato, "que cortas están y que rojas—esta sangre no se quita."

Respondió el Lucero Grande, "Es mejor, con ese color rojizo de las patas, te distinguirás mejor de los otros ánades; con las patas cortas te ves mejor, las tenías demasiado largas." Con estas palabras se fue el pato contentadizo y satisfecho. Por esta razón, aún hoy día el pato tiene las patas cortas.

Luego el lobo, cuya nariz se había quedado negra a resultas del golpe del palo mágico, dijo ferozmente, "Mire mi nariz—qué negra está."

"Dices bien," añadió el Lucero Grande. "Alégrate que ya no te pareces al coyote como antes, ahora te ves más distinguido." Al oír estas palabras el lobo se alegró y se fue muy ufano.

En esto llegó el oso arrastrándose pesadamente con la cabeza inclinada—imposible de ponerse en pie después del terrible golpe que había sufrido en la panza. A su gruñido le contestó el Lucero, "Tu andar siempre será el que ahora llevas, la gente te conocerá aunque estes lejos en las cumbres de las

Then the bear dragged himself heavily with his head bowed; it was impossible for him to stand on his feet, after having suffered such a terrific blow to his belly. To his grunt, the Great Star explained, "Your walk will always be that which you now have; all the people will recognize you from afar on the mountain tops!" After hearing these words, the bear was completely satisfied, as were the others.

Thus the magic stick became an instrument of wonder, making many happy and content and doing away with a vile person.

mesas." Con esto quedo el oso satisfecho, como habían quedado los otros animales.

Así, el palo mágico llegó a ser una prenda maravillosa, haciendo felices y contentos a muchos y dando la muerte a una vil persona.

# The First Societies of Medicine Men

# Las primeras sociedades de curanderos

Let it be known that in the long ago, of which time we have only a memory, animals and people spoke to each other.

It is told that the son of Poshiyanki the wizard was sick, very sick. He was so sick that he could scarcely raise his head. He passed the time staring at the walls, without speaking; he refused food, and would not even take a sip of water.

His parents despaired. Finally they decided to

Sepan todos, que en aquellos tiempos, de los cuales aquí hacemos memorias, los animales comunicaban con la gente.

Se cuenta que el hijo de Poshiyanki, el hechicero, se encontraba muy enfermo. Tan enfermo estaba que no levantaba cabeza. Pasaba las horas mirando las paredes, sin hablar; rehusaba alimento, ni aún tomaba una gota de agua.

Sus padres desesperaban. Al fin decidieron llamar a Lechotopa, el camaleón, a ver si sus

call Lechotopa, the chameleon, to see if his remedies could do something for the boy. They sent a messenger to the chameleon's house, asking him to come as soon as possible. Lechotopa came immediately. The sick boy's mother met him at the door and asked him to come in and sit down. She told him what had happened and gave him food. The chameleon came in, sat down, and had a bite of food, and said, "You have called me; here I am. What do you ask of me?"

The mother answered, "We know that you are a skilled curer; I beg of you help my son to recover his health."

The chameleon replied, "I prefer to call my colleagues; I like to consult with them."

Having spoken, the chameleon called the mountain lion and told him what was happening. The mountain lion immediately prepared a remedy mixing cornmeal with turquoise. He gave it to the sick boy, but it had no effect.

The chameleon then called the bear and told him the story. The bear began to work. He carefully prepared a remedy and gave it to the invalid, but in vain; the boy was the same as before.

Since the lion and the bear, in spite of their efforts, did not cure the sick boy, the chameleon called Achilotopah the eagle, the badger, and the wolf, but none of them cured the boy. The chameleon then said, "Now I will try."

The chameleon walked until he reached the home of another friend, the chief of the ants, and insisted that he return with him to the house of Poshiyanki because he had to perform a cure. The ant

remedios le dieran alivio al joven. Mandaron un mensajero a la casa del camaleón, rogándole venir lo más pronto posible. Aquel vino pronto. La madre del enfermo lo encontró a la puerta, le pidío que entrara y se sentara. Le contó lo que pasaba, y le dio de comer. El camaleón entró, se sentó, tomó alimento y habló así, "Vosotros me han llamado. ¿Que pedís de mi?"

Respondió la madre, "Nosotros sabemos que usted hace buenas curas; ayúdenos, por favor, para que nuestro hijo recobre su salud."

Respondió el camaleón "Prefiero llamar a mis compañeros; quisiera consultar con ellos."

Habiendo hablado, el camaleón llamó al león y le contó lo que pasaba. El león empezó a preparar un remedio de harina de maíz mezclada con turquesa. Dio el remedio al enfermo, pero no le sirvió de nada.

Luego el camaleón llamó al oso, y le contó lo que pasaba. El oso se puso en obra. Con mucho esmero, preparó un remedio y lo dio al enfermo; sin embargo, todo fue en vano; el jovencito seguía como antes.

El camaleón viendo que el león y el oso, a pesar de sus esfuerzos, no sanaban al enfermo, llamó a Achilotopah, el aguila, al tejón, y al lobo, pero ninguno alivio al joven. Dijo el camaleón, "Siéntense, y me esperen; ahora me voy a tentarlo."

El camaleón se marchó hasta llegar a la casa de su amigo, el jefe de las hormigas, y le solicitó acompañarle a la casa de Poshiyanki, porque lo necesitaba malamente para hacer una cura. Poco tardó el jefe de las hormigas en preparar su estuche y se

took little time in preparing his medicine bag, and they both set out for Poshiyanki's house.

Arriving at their destination, the invalid's parents gave them food and drink—as they had done before for the others. Scarcely had the ant taken his first bite, when he and the chameleon began to prepare a remedy. The chameleon took flint out of his deerskin medicine bag, then turned to Poshiyanki and said, "Is there tobacco in this house, of good quality?"

"Yes," the father answered, "there is, the best to be found in these parts."

The ant took the tobacco and made six cigarettes with corn husks. He gave one to each animal present; he kept one for himself. He then made a circle on the ground with cornmeal, in the center of which he placed arrowheads and a white stone, so translucent that it gave light everywhere. From the eagle's head he plucked two white feathers and white, soft down from his breast. All this he placed on the sick boy's head. He then prepared a drink in a large jar and had all those watching take a sip from the jar.

Then the ant said, "I know the reason for this bewitchment." He then started to dig a hole in the middle of the circle into which he could put his entire arm, pulling out a handful of pine needles, hair from the dead, charcoal, and bits of wood. "Here we have the cause of this bewitching," he said to the others. "A sorcerer has placed all these articles here."

The chameleon tried to take out what was in the hole, but could not. He then asked those present to

pusieron los dos en marcha hacia la casa de Poshiyanki.

Al llegar a su destino, los padres del enfermo, les
dio alimento y que beber—como habían hecho
antes con los otros. Apenas probó bocado la hormiga, cuando empezaron los dos a preparar un remedio. El camaleón sacó del estuche de cuero, un
pedernal y le preguntó a Poshiyanki, "¿Hay tabaco
en esta casa, y de buena calidad?"

"Lo hay," dijo el padre, "y es el mejor que se en-
cuentra en estas partes."

La hormiga, habiendo recibido el tabaco, hizo seis
cigarritos con hojas de maíz. Diole uno a cada animal presente; dejó uno para sí. Luego tomó harina
de maíz; hizo un círculo en el suelo, dentro del cual
colocó puntas de flechas, y una piedra blanca, tan
trasluciente que daba luces por dondequiera. Le
sacó dos plumas blancas a la cabeza del águila,
como también vellón suave de la pechuga. Todo
esto puso en la cabeza del enfermo. Luego preparó
una bebida en una tinaja grande, y mandó a todos
allí presentes que tomaran de la tinaja.

Se seguida, la hormiga habló así, "Ya bien sé la
causa de este maleficio." Habiendo hablado, empezó a cavar un pozo en el medio del círculo, en el
cual podría meter el brazo—los cual hizo—sacando
un manojo de agujas de pino, pelos de muerto, car-
bón y pedacitos de leña. "He aquí la causa del maleficio," dijo a los que estaban presentes. "Un brujo
ha puesto todo ésto aquí."

El camaleón trató de sacar lo que quedaba en el
pozo, pero le fue imposible. Luego mandó a los animales presentes encender sus cigarritos, soplar el

light their cigarettes and then blow the smoke on
the bewitched boy and also into the hole. They did
so. Again the chameleon tried to take out what was
in the hole. This time he pulled it out easily and
scattered the articles about in all directions, to the
north, the south, the east, and the west. Some of
the particles fell on a sorcerer who was looking on,
who at once became very ill and had to leave.

The youth recovered his health and everyone re-
joiced. The animals marveled at the wonderful cure
and begged the chameleon and the chief ant to tell
them how to cure all curses.

The chameleon asked everyone to go to bed for
the night; he called the eagle to consult with him.
They decided to send messengers to all the pueblos
asking that they send their wisest people and meet
them there in Shipapilima for four days so that all
could see for themselves these wonderful cures.

Said and done! The next day they all met at the
chosen place. First, they sat in a circle; all night,
they sang and made sacrifices. The eagle brought
pulverized shell and mixed it with pollen, cornmeal, turquoise, and flint. While this was being
done, they sang and prayed continuously until the
Morning Star appeared.

Some of those present did not tell stories, or
sing, or pray, or make sacrifices, because they were
so sleepy they could not stay awake. Those who remained awake in time became medicine men.
Achilotopah the eagle at last divided those who had
watched all night into four groups and thus were
formed the first societies of medicine men.

Nowadays when one of the People becomes ill,

humo hacía el maleficiado, y también hacia el pozo. Lo hicieron. Otra vez, el camaleón trató de sacar lo del pozo. Esta vez lo sacó con facilidad y lo arrojó por todas partes, hacia el norte, el sur, el este y el oeste. Algo de lo del pozo le cayó en el cuerpo a un brujo que estaba allí presente, y se puso tan enfermo que fue obligado escaparse del cuarto.

El joven recobró su salud y todos se llenaron de regocijo. Los animales, maravillados de esta cura tan prodigiosa, rogaron al camaleón y al jefe de las hormigas enseñarles la manera de curar todos maleficios.

El camaleón rogó a todos presentes descansar por la noche; luego llamó al águila para consultar con él. Decidieron mandar mensajeros a todos los pueblos, escoger la personas mas hábiles y reunirse en Shipapilima por cuatro días, para que todos se informaran de estas curas maravillosas.

Dicho y hecho! Por la mañana, todos se reunieron en el sitio escogido. Primeramente, se sentaron en un círculo; toda la noche cantaron e hicieron sacrificios. El águila trajo concha pulverizada; la mezcló con polen, harina de maíz, chilchiguite y pedernal. Así cantaron y rezaron, mientras obraban, hasta aparecer el Lucero de la Mañana.

Algunos de los que estaban allí presentes, no se dieron cuenta, ni del cantar, ni del rezar, ni los hechos de sacrificio, porque les dio tanto sueño que les fue imposible quedarse despiertos. Los que velaron toda la noche, con el tiempo, llegaron a ser curanderos. Achilotopah el águila dividió a los que habían velado toda la noche en cuatro grupos. Así se formaron las primeras sociedades de curanderos.

there is no need to send for the chameleon or for the chief of the ants. They send for a medicine man, for each pueblo has one.

Hoy día, cuando hay un enfermo en el pueblo, no hay necesidad de mandar por el camaleón, ni por el jefe de las hormigas. Mandan por un curandero, porque cada pueblo lo tiene.